GRAFFITI

POESÍA

HUERGA & FIERRO EDITORES

HUERGA Y FIERRO EDITORES, S. L. U.
C/ SEBASTIÁN HERRERA, 9
28012 MADRID (ESPAÑA)
TELÉFONO: 91 467 63 61
E. MAIL: huerga@huergayfierro.com
WEB: www.huergayfierro.com

PRIMERA EDICIÓN
2024

DISEÑO DE ÁNGEL LUIS VIGARAY

DEPÓSITO LEGAL: M-22629-2024 — I. S. B. N: 978-84-128971-3-5
IMPRESO EN ROMADAC Industria del Libro.
IMPRESO EN ESPAÑA

AGOSTO 2045

Esteban Beltrán Verdes

AGOSTO 2045

ESTEBAN BELTRÁN VERDES

GRAFFITI

HUERGA & FIERRO EDITORES

AGOSTO 2045

Leer, leer, leer, ¿seré lectura
mañana también yo?

¿Seré mi creador, mi criatura,
seré lo que pasó?

MIGUEL DE UNAMUNO
Cancionero, Diario Poético, 1928-1936

TÍMIDO ARREPENTIMIENTO
(y no he comenzado el libro)

Me pregunto si reflexionar sobre la inmortalidad
no será, sobre todo, evidencia de mi rendición.

¿Me resigné ya a la ausencia indolora del sexo,
a la falta de insensatez, al aburrimiento con la nada
haciendo de las suyas dentro de la cabeza?

Me pregunto si dejé de esperar lo inesperado
(*que mi hija me sobreviva y se sobreviva)*
y si a este lado del tiempo
queda espacio disponible para el futuro,
la esperanza, la ignorancia, la inconsciencia,
o el sinsentido liberador de todas las realidades.

Quizá la búsqueda de inmortalidad
no sea más que la indiscutible prueba
del comienzo de mi propia muerte.

APROXIMACIÓN CAUTELOSA A LA INMORTALIDAD

Se lo digo, me importaba un cuerno la inmortalidad, y le diré aún más: cuando me di cuenta un día de que me tenía cogido, me horrorizó aún más que la muerte. Uno puede quitarse la vida. Pero no puede quitarse la inmortalidad.

MILÁN KUNDERA
La Inmortalidad

I

La inmortalidad no trae
nada bueno a nadie,
empezando por el hecho
indiscutible,
inexorable,
jodido,
contradictorio,
de tener uno que morirse
para vivir eternamente[1].

Y si algo te sobrevive,
en manos de supervivientes
se deforma hasta la verdad,
y eres aire,
aproximación,
intuición,
negación,
sueño,
leyenda,
caricatura,
otro,
ninguno,
y sin derecho a ser oído.

[1]"Se paga caro el ser inmortal: se muere a causa de ello varias veces durante la vida". Friedrich Nietzsche (Ecce homo)

II

Tu vida, si fue tuya,
no te pertenece al morir;
*("Quiero saber de quien
es mi pasado"*[2])
Indefenso,
lo que fuiste
será nada,
imaginación
o indiferencia:
esa forma
brutal del olvido.

Pero si sigues siendo
después de no ser,
si no desapareces
junto a tu vida,
regresarás calle,
instituto,
glorieta,
aeropuerto,
jardín,
piedra
o punto de mapa
hasta el próximo bombardeo.

---

[2]Jorge Luis Borges. La rosa profunda.

III

Un óptimo inmortal debe cumplir tres características:

a) Vida extravagante;
b) Muerte desgraciada;
c) Gestión del misterio.

Si te pretendes más allá de ti
deberías ser asesinado,
o matarte, o morir joven
(*veintisiete años máximo)*
de algún exceso tóxico
o enfermedad maldita.

Pero si no eres capaz de tanto,
si no terminas de atreverte,
entonces prepara tu vida
para otros:
hazla suya,
inalcanzable,
atrayente,
incomprensible,
desmesurada,
inviable.

Déjate ver y añorar,
da envidia y lástima,
sobre todo lástima.
Dañá (te),
arrasa habitaciones de hotel,
que la policía te detenga
masturbándote en la vía pública.

Nadie debe saber
que deseas vivir;
simula tu demolición,
haz que tu suicidio
parezca inminente.

IV

No idealizar. La inmortalidad
tiene variaciones y límites.

a) No es sinónimo de fui
ni tampoco de siempre:
puedes ser inmortal
(inalterado, intacto)
sólo un instante.

b) Requiere dolor intratable,
costumbre de ir muriendo.
Una vida con futuro
no reúne los requisitos
de acceso a la inmortalidad,
excepto que su desenlace
sea voluntario,
incomprensible y precipitado.[3]

c) La inmortalidad,
con tiempo,
puede volverse contra ti;
pero a esas alturas
de la nada y del silencio
no te importunará el ruido
ni tu grosera deformación.

d) Ser inmortal y ser historia
no son sinónimos:
la inmortalidad es imaginación,
lo histórico rastro indudable.

---

[3]Ver ahora capítulo "Aproximación urgente a la inmortalidad", página 29.

(Dios es inmortal,
Jesus es historia)

Puedes, además,
estar vivo y hacer historia;
sólo necesitas matar,
matar, matar y matar
y contar bien tus muertos.[4]

---

[4]Ver ahora poema XIII "Los elegidos" (Rap 1), página 43.

V

Llámale eternidad, o Dios, o infierno.
O no le llames nada.
Como si nada hubiera sucedido.
FRANCISCO BRINES
Insistencias en Luzbel

Somos eternos, no inmortales.

La eternidad es un no lugar
aislado y concurrido
adonde no llega
el humo de la vida.
La eternidad, lo eterno,
es una mutación del olvido,
tal vez su forma más despiadada.

La eternidad
no se parece a la vida.
Allí no llega
la nostalgia
por lo perdido
ni el dolor
por lo arrebatado.

En esa fosa común
no cabe nadie
y estamos todos,
cabemos todos
y somos nadie.

La eternidad es la muerte.

VI. TRES INSALVABLES CONTRADICCIONES[5]

PRIMERA

Me voy acercando a la muerte
y me deseo más vivo que nunca.
Autorizo solemnemente mi asesinato…
Mientras no haya peligro de fallecimiento.

[5]Testamento. "A mis seres queridos: les dejo la vida". Jaime Sabines. (Recuento de Poemas).

Segunda

Los recuerdos se desvanecen
cuando somos todo memoria.
Sólo percibo con nitidez,
como verdad indudable,
aquella parte de mi vida,
que, por lejana, por remota,
apenas debería ser recordada.

Tercera

Quisiera prolongar mi vida
a pesar de mi propia vida.
Nadie quiere morirse,
ni siquiera los suicidas:
ellos sólo desean dejar de vivir.

APROXIMACIÓN URGENTE A LA INMORTALIDAD

La muerte no constituye un problema. El hecho de morir, sí

Sándor Márai

Diarios 1984-1989

VII

Nadie debe intuirlo,
nadie debe sospechar
que esta vez va en serio.
Actúa con normalidad,
como si no te rindieras.

No parezcas abatido,
ni distraído ni ajeno
ni exuberante ni lúcido;
sé igual a tu ruina.

Porque si seres piadosos,
o fanáticos de la esperanza,
o guardianes del pulso,
adivinan lo que piensas,
no te dejarán a solas contigo
y te ingresarán en ese lugar
dónde extraños y extraviados
(que, of course, no son como tú)
dan vueltas a un jardín infinito.

VIII

Puedes tener una posibilidad de matarte
si sabes esconder el vacío inextinguible
que quiere asomar a tus ojos abiertos.
Debes conseguir también un certificado
que te identifique como alguien idóneo
(o disponible) para seguir viviendo.

IX

Elige el instante más desesperanzado,
el método más cruel y que mejor domines
(es un plus poseer habilidades de tirador),
abandónate en el espacio más inhóspito
y evita así arrepentimientos de última hora.

X

No temas imponer una angustia
desmesurada entre los tuyos;
la tristeza es un precio razonable
por no soportarte más.

Certificado tu asesinato,
confirmado el asesino,
desatado el desorden,
con tu cuerpo
entre forenses,
vendrá el dolor, sí,
o desajustes del ánimo;
por tu muerte, sobrecogedora;
por tu decisión, incomprendida;
por tu existencia, irredimible;
por la casquería,
pero horas después
alguien con autoridad
confirmará tu condición
de excéntrico o de enfermo,
y tu final será impulso
o la conclusión más lógica
(se veía venir...)
a una vida invivible.

Por cierto, eso sí,
antes de acabarte
debes saber que
no se recordará
un solo día de tu vida,
bueno, tal vez el último
perdure en la memoria;
quizás, insensatamente,
matarte te vuelva inmortal.

DUDAS Y CERTEZAS POST EXISTENCIALES

Vida, mi vida, ¿qué has hecho de mi vida?
ALEJANDRA PIZARNIK, *A plena pérdida*

XI. ¿PUEDE LA VIDA DEJARME VIVO?

El mayor uso de una vida es pasarla en algo que dure más que ella.
WILLIAM JAMES

¿Por qué, a veces, la muerte
es un acto notarial burocrático
que registra el fin de la vida,
y otras un intento de genocidio
que busca borrar tu existencia?

¿Somos seres enteramente vivos
sin nuestros vivos más amados?,
¿Somos, muertos, enteramente nada?

¿Qué nos prolonga más allá del último día?,
¿Qué hace que podamos ser recordados
con precisión, pereza o imaginación?
¿Somos nosotros los responsables
de morir o de vivir eternamente?

¿Somos nuestros propios dioses?

XII. EL MISTERIO

¿Somos tan nada
que nada nuestro
va a ninguna parte?

Y si nada acompaña
el final de la vida,
y si nada va contigo
al empezar la muerte,
y si lo que fuiste
se va desvaneciendo
cuando dejaste de ser...

¿Hay algún lugar disponible
(que no sean recuerdos fake)
entre la inmortalidad y el olvido?

Miro a mi alrededor,
miro dentro,
y cuesta creer
que no me vaya
a sobrevivir
ni una sola emoción.

XIII. LOS ELEGIDOS (Rap 1)

Consideremos la larga historia de las actividades inspiradas por el fervor moral: los sacrificios humanos, las persecuciones de herejes, las caza de brujas, los pogroms, hasta que se llega al exterminio en gran escala por medio de gases venenosos... ¿Y podemos realmente desear que los hombres que las practicaron vivan eternamente?

BERTRAND RUSELL
Los misterios de la vida y de la muerte

Son inmortales los verdugos pletóricos
ordenando indiferencia y sumisión
ante la catástrofe individual y colectiva.
Son inmortales los verdugos mínimos
obedeciendo a verdugos pletóricos[6]
Y también aquellos sensatos inconscientes
desafiando a verdugos mínimos y pletóricos.
Son inmortales los políticos bondadosos
que no quisieron ser verdugos pletóricos.

Y científicos incomprendidos incomprensibles
(espacios vectoriales topológicos infinitos),
y escritores que solo publican ya muertos,
y creadores/impulsores de ideología y religión
alimentando nuestro ser primitivo más odioso.

Solo lo que somos nos sobrevive.

---

[6]Pido al lector curioso explorar el término "miltläufer".

XIV. INMORTALES DE LA MUERTE

1

Manuel María, mi padre,
muerto por infarto
mientras nos jugaba a la ruleta.
Tanto fue olvidado, tanto,
que llegamos a dudar si yacía
bajo una lápida con su nombre.

Partimos las piernas
a mi abuelo Pepe
para que, rígido y eterno,
cupiese en su ataúd,
tras un viaje Jaén-Madrid,
en el asiento de atrás
del viejo Dodge azul.

Ramona, mi cuidadora,
de la que recuerdo
su nombre antiguo,
los besos en mis pies,
y su insólita muerte
atropellada por un
Tren Articulado Ligero
Goicoechea Oriol.

Mi tía Pura se intentó
suicidar tantas veces
que dejamos de creer
que quisiera matarse.

Una mañana se tiró
al metro en Prosperidad.

A mi madre la recuerdo
negándose a morir.

2

Qué nos borra en la muerte.
Y los seres queridos
dónde habitarlos.
ROSANA ACQUARONI, *La casa grande*

Eras aún una madre joven,
te veo operada de urgencia
en ese hospital del seguro:
limpio, espacioso y vacío.

Recuerdo no sentirme
amenazado por tu muerte.

Has llegado a moribunda,
te veo tratada de urgencia
en este lugar reluciente
como una nave espacial.

Me conmueve tu ceguera,
no te rindes; sigues viva
para continuar muriéndote.

Trato de recordarte cuando niño
pero padeces de agonía infinita;
empezaste a morir muy pronto.

Tu muerte no se llevará
mi infancia a ninguna parte.

3

Quizá cuando yo llegue a ese no lugar que habitas, dentro de algunos años, podré entenderte pero hoy, aquí, sigo sin comprender por qué te resistes a morir si la vida te ha abandonado ya. Ciega y casi sorda, inmóvil, drogada, cagada, te aferras a la pajita de colores que te pone la cuidadora en la boca para beber; o al pelotazo de oxígeno; o a los videos de tu bisnieta que te mandan al móvil y que no ves; o a la basura televisiva que ya no reconoces. Crees en Dios, en la vida eterna, y sin embargo te aferras a los automatismos del cuerpo en tus minutos de descuento. Eres una moribunda ejemplar; no acabas de morir y no terminas de vivir, y así llevas ya varios años. En esa ninguna parte tuya no hay adiós definitivo ni reencuentro, ni vida plena ni muerte cruda, solo la constatación de un deterioro abisal, inexorable, infinito, de la existencia. Tu vida ha sido borrada por tu heroica supervivencia: tu agonía te hará inmortal.

4

Has terminado de morir,
empiezas a no ser.

5

Es difícil escribir sobre mi madre muerta:
lleva muriéndose casi toda su vida adulta.

Lo intento hoy; de verdad que querría
recordarla lejos, enteramente viva,
enteramente juego, enteramente hermosa.
Merecería ser rescatada de la ruina,
de la carne morada y la boca abierta
con un fogonazo de infancia.
Y rebusco entre los días de entonces,
y la veo sonreír coqueta en Súper-8,
y llenar botellas de gazpacho andaluz,
y obligándome a andar de puntillas
con mis pies planos por el pasillo.

Y lo intento, lo intento, lo intento,
pero no hay mucho donde rascar:
apenas instantes aislados
sobreviviendo a su agonía eterna.

Pensé, eso sí, con convicción,
que me había acostumbrado
a ver morir a mi madre
y que su final, aunque triste,
no sería sorprendente.

Me equivoqué.

La agonía está llena de esperanza
y la muerte siempre llega pronto.

XV. LO RELATIVO

¿Cómo se mide la inmortalidad?
¿Cuántos recuerdos aseguran
la derrota del olvido?
¿Puedo ser inmortal añorado
por un solo superviviente?
¿Y cuánto debe recordarme?:
¿cada aniversario de lo mío
o cinco veces al día,
como si fuese Dios?

(Pienso en mi padre
a quien añoro
el primer día del año
vestido de esmoquin.
dirigiendo la marcha Radetzky.
¿Es mi padre inmortal?).

¿Y cómo recordarme?

¿Uno es inmortal
añorado con dolor,
como ausencia,
como irrepetible?
¿Y pensado
con admiración,
con distancia académica,
con desprecio?

¿Y ser inmortal
y ser odiado?

¿Y hasta cuándo inmortal?;
¿hasta la extinción humana?
¿hasta la muerte de los míos?

¿Y puede uno alcanzar
la inmortalidad
sin conmemoraciones,
homenajes o discursos?

¿Y sin ser estudiado
en institutos y universidades?

¿Y sin ser citado
por un Presidente del Gobierno?

¿Se puede ser inmortal
sin ocupar tumba o nicho
dónde vayan a llorarte?
¿Podría uno ser incinerado
y acabar siendo inmortal?

(Lo digo por si fuera necesario
cambiar mis últimas voluntades)

XVI. LA INDISPENSABLE PROLONGACIÓN DE LOS TELÓMEROS[7]

¿Necesito morir para ser inmortal?,
¿Y si pudiese prolongar impúdicamente mi vida
(digamos hasta los ciento cuarenta y cinco años)
porque la ciencia consigue alargar los telómeros?

¿Podrían los científicos explorar en mí
el concepto de inmortalidad imperfecta?

Imagino ser el primer hombre que no envejece,
el primer humano sin miedo a la muerte ni a morir,
el último último, la prueba de la paciencia de Dios,
el gran mantenido de la sociedad, el más solo,
el único único, el espectador de todas las agonías.

[7]"Los telómeros tienen una longitud máxima cuando nacemos y se van acortando conforme vivimos, hasta que son demasiado cortos para seguir permitiendo la regeneración de los tejidos y por eso se producen las enfermedades, y en última instancia, la muerte." (Maria A.Blasco, diario EL PAIS, 9 de agosto 2019).

XVII. CINCO PREGUNTAS DIGNAS DE COMPASIÓN

¿Alguien recordará agosto
entre los años 1961 y 2045[8]?,
¿Sobreviviré a mis vivos?,
¿Seré más, lejos, aún, todavía?,
¿Aguantarán las palabras
cuando dejen de escribirse?,
¿Seguiré siendo algo de mí
cuando haya dejado de ser?

---

[8]Ver ahora "Pie de página de extensión desmesurada", página 61.

XVIII. AGOSTO

Lo noto.

Me lo noto.

Regresa el tiempo
que no vuelve,
el ruido de los días
que son historia.

Asoma lo perdido
por casa,
y se deja ver,
intacto, lo roto.

En agosto
alguien pensará en mí
y habré resucitado.

XIX. TÍMIDO ARREPENTIMIENTO 2
(a mitad del libro)

Soy casi un viejo,
estoy casi sano
y esto que llamo vida
no ha estado mal del todo,
así que a nadie extrañará
que quiera seguir
acompañado de mí
unos años más.

Sé muy bien que desearse
muerto e infinito, recordado,
es pretensión de satisfechos.
Para la inmensa mayoría
de individuos en desesperación
la inmortalidad es seguir vivo.

AGOSTO 2045; LOS ÚLTIMOS DÍAS

En la mesa tengo 2.000 rublos, pagad el impuesto. Lo demás lo cobraréis del Giz[9]

VLADIMIR MAYAKOVSKI
Poemas 1917-1930

---

[9]Giz significa "editorial" en ruso.

PIE DE PÁGINA DE EXTENSIÓN INUSUAL[10]

¿Agosto 2045 es la fecha de mi muerte? No, pero tampoco fue escrita al azar; he hecho mis cálculos. Es posible que siga vivo entonces y que me resista a morir babeando y con pañal. Será un año clave, según varios científicos, para comprobar si los avances tecnológicos que intuimos *(cerebros inteligentes no humanos, avatares, artefactos de inteligencia artificial que pilotan aviones, comunicaciones neuronales entre seres humanos, prótesis controladas por impulsos cerebrales)* son realidad o mera ilusión, y también tendremos más información para saber si la vida eterna empieza aquí o sigue siendo una aspiración de creyentes.

Descarto con esta fecha de largo aliento la opción del suicidio *(nadie planifica su muerte voluntaria con décadas de antelación)* pero queda abierta la posibilidad de que la eutanasia sea un derecho y real su puesta en práctica dado mi seguro deterioro físico y neurológico. Espero que mi hija esté ya colocada y dispuesta mentalmente a aguantar sola esta despiadada sociedad. Además es una fecha lo suficientemente próxima para que el mundo se parezca algo al mundo de hoy pero también a lo que imaginamos como futuro: ¿qué lugar, si alguno, habitará entonces la humanidad?

La continuación de la vida... ¿Hará que el tiempo pierda su sentido de medición?; ¿estamos condenados a la repetición casi infinita de nuestros actos?; ¿aceptaremos la derrota de Dios?; ¿envejecer tendrá la categoría

---

[10]"Me gusta mucho la ciencia ficción que considero literatura de anticipación". Cristina Peri Rossi, "Julio Cortázar y Cris, editorial Calamo, 2014".

de enfermedad rara según la Organización Mundial de la Salud?; ¿habrá una dictadura generacional dueña de la tierra?; ¿nos gobernará un enérgico ejército de jóvenes con mentalidad de viejos?; ¿soportaremos un estancamiento cultural y sociológico por falta de renovación humana?; ¿el nacimiento de niños será la principal amenaza para la supervivencia?; ¿rebosarán los hospitales psiquiátricos de suicidas, y será el suicidio la primera causa de muerte en democracia?; ¿y los cementerios... Mutarán hasta ser lugares exclusivos para asesinados y muertos por azar o por persecución ?; ¿seguirá siendo la muerte un negocio rentable y seguro?; ¿y morir, será mas un privilegio que una maldición?; ¿regresará la pena capital como afirmación del poder absoluto de los vivos?; ¿tendría más sentido la cadena perpetua en una vida perpetua?; ¿habrá menos luchas colectivas porque nada verdaderamente importante, como la vida, podría perderse?; ¿desaparecerá el yo en favor de una sociedad descomunal?; ¿será la sorpresa un territorio de ficción en un mundo sin sobresaltos?; ¿y la naturaleza en retirada, acabará por ser nuestra principal amenaza?; ¿se volverá tedioso vivir?; ¿ambicionaremos morir?

Temo también que el mundo estará habitado por seres humanos cada vez más desiguales entre sí dependiendo de circunstancias azarosas como la geografía, la identidad o la costumbre. Me pregunto si desaparecerá el tímido estado de bienestar que hemos disfrutado en Europa...En ese año se habrán cumplido cien años desde el final de la Segunda Guerra Mundial; ¿Viviremos entonces cien años de paz o se habrán impuesto los discursos, prácticas y políticas de odio?; ¿será un tiempo de seres humanos inferiores a otros, como en el nazismo? Si nada se tuerce tengo décadas por delante para ir juzgando hacia donde nos dirigimos, y tratar de influir en cambiar la dirección de viaje, o, al menos, preparar a los míos para soportar el tiempo que les toque vivir.

En cualquier caso este libro no intenta adivinar si los humanos ocuparemos un lugar en la tierra en agosto del año 2045. Busco explorar la inmortalidad mínima o el deseo de vivir que habita, abierta o escondidamente, en cada individuo, Ese narcisismo que va unido a una cierta hipocondría fisiológica ¿por qué quiero seguir vivo?; ¿por qué quiero seguir vivo aunque no lo merezca o sea insoportable vivir?; ¿por qué quiero seguir vivo, de alguna forma, después de muerto?

Lo que hago hoy, ¿puede ayudarme a vivir eternamente?; ¿soy yo mi creador o mi destructor?; ¿está en mis manos prolongar la vida más allá de mí?; ¿y son fiables los recuerdos?; ¿y los recordadores?; ¿importa ser recordado?; ¿y que se me recuerde como creo que fui?; ¿y por qué inquieta tanto olvidar?; ¿por qué no queremos ser olvidados?; ¿y cómo se alcanza la inmortalidad: depende del talento, de la forma de vivir, de la manera de morir?; ¿ser odiado o admirado son indicadores fiables de inmortalidad?; ¿soy genéticamente inmortal prolongado en mis descendientes?; ¿pretendo haber sido algo para alguien en vida y pretendo seguir siéndolo después de muerto?; ¿dejo rastro?; ¿me sobreviviré?; ¿soy eterno?; ¿acabaré conmigo cuando muera?

A veces imagino la inmortalidad sin pagar el precio de morir: ¿viviré muchos años sin la amenaza inmediata de la muerte? Avances científicos, insólitos hoy pero no impensables, me llevan a afirmar que la inmortalidad no solo tiene que ver con los recuerdos o la fe, o con la imposible disociación entre alma y cuerpo de Bertrand Rusell, sino también, y sobre todo, con la posibilidad de seguir viviendo sin deterioro aparente. Esta refundación de la vejez, que podríamos llamar *quinta edad telómera*, no me sería de aplicación *(mi vida, en el año 2045, será más de Dios y de La Nada que mía)* pero en estos años tendré tiempo de ser testigo de la prolongación mayúscula de la vida o de su destrucción.

En relación a agosto no hay mucho para argumentar. No tenía otra opción. En este mes, por alguna razón, han coincidido acontecimientos decisivos en mi vida: fui desvirgado, aprendí a nadar, a beber, a vivir y a morir; conocí el castigo, a Julie Christie, el amor salvaje y las despedidas salvajes; la muerte por enfermedad, por sorpresa, por suicidio, y la ausencia sin consuelo; la locura de psiquiátrico, la soledad de adolescente y la maravilla de la infancia. En agosto empecé a escribir poemas y empecé este libro. Es coherente pensar que, al igual que ha marcado mi existencia, agosto pudiera ser el mes elegido para mi muerte. Cuando ocurra lo inevitable *(por ahora)*, familiares y amigos estarán de vacaciones. Morir solo es la única forma de morir.

XX. EL PRIMER FALSO DIRECTO

Quizá muera de infarto,
como mi padre,
o por comerme la lengua,
pero lo más probable
(según el Indice de Desarrollo Humano)
es que llegue a viejo
y, por lo tanto,
a moribundear por casa.

Ruth, a quien conoceré mañana,
me besará mil veces *(al menos);*
mi hija tendrá hijo prematuro,
novio prematuro, y vivirán conmigo
a la espera de poder independizarse
tras mi muerte y con mis ahorros.

Un médico prohibirá lo que me daña
para prolongar el tiempo sin futuro
y yo consumiré comida basura
para mantenerme irredimible.

Consultaré obituarios y esquelas,
para reencontrar *(es un decir)*
a los amigos cuando ya no importe,
y los sábados de artrosis leve
acudiré a la última sala de cine
a ver películas argentinas,
comer palomitas dulces
y juntarme con otros dinosaurios.

No temeré al suicidio de Polonia
porque ya habrá muerto,
y M no se aparecerá más por casa
confirmándose, de nuevo,
que más allá de acá no hay nada,
y que la muerte es inexpugnable.

Espero tener entonces plata
(si es que pagan pensiones)
y comprar libros eternos
(si siguen imprimiéndose)
de escritores muertos[11],
y así continuar descubriendo
lo infinito entre lo inmortal.

Por prescripción médica,
por exigencias de escritor,
sólo viajaré hacia mi mismo,
aunque cada agosto reservaré plaza
(en business) para Lisboa y Montevideo.

Y redactaré mis memorias
cuando la imaginación no baste,
cuando el pasado sea futuro,
y la inutilidad de la poesía
sea tan obvia que no amortigüe
el dolor de vivir y de morirse.

---

[11]Angel González, Angelina Gatell, Anne Carson, Anne Sexton, Jaime Sabines, Joan Margerit, Miguel Hernández, Miquel Martí i Pol, Nicanor Parra, Philip Roth, Sylvie Plath, Wisława Szymborska… o los diarios de Rafael Chirbes o el Paul Auster de "Diario de Invierno". Esta lista irá cambiando según mis lecturas… Y según vayan muriendo mis escritores vivos favoritos; Cristina Peri Rossi, Karmelo C. Iribarren, Piedad Bonnett, Rosana Acquaroni, Sara Mesa...

Sacaré al perro a mear,
(mi nieta querrá uno, pequeño)
y regresarán los reyes magos,
la bruja piruja, Urano y Neptuno,
y me jugaré los huesos sanos
poniéndome en cuclillas.

Y rígido y lento y gordo
no llegaré a las uñas de los pies,
e impaciente y mal humorado,
y niño, y solo solo solo solo solo
me acercaré al principio de la nada
con la cabeza y el pañal bien puestos,
sin acabarme, sin vivir del todo.

Ocuparé entonces, jodido, el sin lugar
de desahuciados y presuntos inmortales.

XXI. LO PENÚLTIMO

Pero, si estás muriéndote, aún vives
JOAN MARGARIT
Todos los poemas

Nadie puede olvidar
el penúltimo instante.

Mi tía se acostó
junto a su hijo muerto
y todavía añora
la tibieza del cuerpo
desprendiéndose de la vida

Elba recuerda con exactitud
las últimas palabras
de su padre:
"*dame helado de coco*".

M, que era consciente
de irse muriendo,
tuvo miedo a la muerte
justo antes de morir.

Yo, en antepenúltimo de vida,
recuerdo bien el dedo índice,
con su uña larga y sucia,
de la mano derecha de un policía
sobre el cañón de su pistola,
la boca abierta de mi madre
en busca del aire extraviado,
y cada palabra, cada silencio
y el chasquido de la lengua
de mis suicidas más queridos.

Me pregunto
con cierta curiosidad
quien
(si alguien)
recordará mi penúltimo día
como el único
momento indestructible
de su propia vida.

Solo los alrededores de la muerte
se mantienen a salvo de la imaginación:
el miedo no permite improvisar.

XXII. REIVINDICACIÓN DEL OLVIDO

Lo peor de todo es que me la voy olvidando. Entonces me esfuerzo para pensar en ella todo el día, toda la noche, me desvelo para recordarla. (...) "Y ya no sé si es un recuerdo o el recuerdo de un recuerdo lo que me queda.

JUAN JOSÉ CAMPANELLA "*El Secreto de sus ojos*".

El olvido, contra lo que muchos poetas creen,
es la única manera de seguir vivo y escritor.
La memoria y la experiencia son almacenes
frágiles a la intemperie del tiempo
y contienen, mezclados,
creencias, hechos y deseos.

A veces regreso a lo que llegué a ser
o más bien a aquello que quise ser;
recordar es un ejercicio diseñado
para confirmar que, a pesar de tu vida,
valió la pena haber vivido.

Si quieres reconocerte tienes que olvidar,
o relatarte en directo y derrotar al tiempo.
He descubierto por qué escribo a diario
y por qué vivo como si no hubiese mañana.

Tal vez la verdad de la vida es que no hay ayer.

XXIII. HOMENAJE A LO OLVIDADO[12]

[12]El auténtico adiós es olvido. La vida es una máquina incineradora de instantes; nos prepara para la muerte. Este poema no ha sido escrito en homenaje a lo que fue y ya no existe; aquello que ni siquiera puede ser imaginado.

XXIV. LO INÚTIL INOLVIDABLE[13]
(muestra improvisada)

El olor a tiza y a guiso del colegio y los apodos *(que no apellidos)* de algunos de mis profesores: *"bigoteras"*, *"maritere"*, *"manzanas"*, *"el piritas"* y *"el hijo del altísimo"*, que era diminuto. La lista alfabética de clase (*Abad, Aguila, Alfaro, Avial, Babío, Barrasa, Beltrán, Benito, Blanco..*) y estrofas del himno del colegio (*"españoles hidalgos valienteeees"*); la calle (*Monte Esquinza*) donde vivía Avial aunque no era mi amigo, y el nombre de un hueso: el "*esternocleidomastoideo*". El color azul del kiosko del patio dónde comprábamos Mirinda de naranja y palmera de chocolate; el desvencijado salón de actos y el traje gris "príncipe de gales" de Don Gabriel, el represor; la cara roja del Padre Lora, el profesor de filosofía, y el despacho de Don Vicente, el Director, oscuro, casi negro, con la mesa frente a la puerta; y el traje color tierra de Don Bernardo, mi profesor en primaria. También recito de corrido la primera parte de la lista de preposiciones.

Me sé nombres de mujeres con las que apenas intercambié algunas palabras; Ana, Leticia, Almudena *(de quien recuerdo su kimono de flores y su media melena)*; los apartamentos *El Pato* en Benidorm *(incluido el sofá cama del salón en tono verde amarillento)* dónde pasábamos los agostos ajustados de presupuesto; y el lujoso hotel Don Pancho y a mí con corbata escuchando a Los Tres Sudamericanos cuando éramos ricos; y los pantalones altos a la altura del pecho de mi abuelo Rufino y sus palabras *("voy a echar un pis, vida")* cuando se levantaba

---

[13]Los expertos suelen suelen enmarcar este tipo de recuerdos en la "memoria episódica" o " memoria autobiográfica" o "memoria semántica". Según el psicólogo Amalio Blanco, "la memoria es absurda si no se comprende el por qué de cada hecho".

de un tresillo azul; y sus internas de nombres místicos *(Esperanza y Amparo);* y los puzzles de monumentos y cielos abiertos de mi abuela Carmen; y las gafas tuertas de mi abuela Pura y su moño alto y marrón y los nombres de sus mucamas *(Paca y Josefa);* y la parada en el kilómetro 100 de la autopista de Andalucía para rezar un padrenuestro a San Cristóbal; y Baltásar el perro pastor que nos recibía ladrando, siempre de noche, al llegar a la casa de Jaén; y la cara de mi bisabuelo Esteban *(pelo engominado, lentes redondas, bigotito)* en un retrato sobre la pared de la solana; y el azulejo "Ave María" con disparo incluido de la guerra civil; y la mesa de hierro y azulejos con Alonso Quijano y Sancho Panza por tierras de Castilla; y el matamoscas rojo de mi abuelo Pepe y varios tomos de lomo marrón y cobre de las memorias del Gran Capitán que leía mi padre sentado en el váter del baño.

Recuerdo las caídas y las cortinillas de peces del baño de la casa de Guadarrama de mi amigo Juanito aquel treinta y uno de diciembre en que, borracho, las derribé; y despertar en Moralzarzal *(ciudad sin ley)* un primero de enero en el jardín de la casa de Garrido *(compañero de clase)* con casco de vikingo y sin saber qué había sido de mí; y el apodo *(el Gato de Odessa)* de un portero del Real Madrid, Mariano García Remón, de pelo negro rizado. Ya por entonces combinaba fútbol y literatura y leía *"Joyas Literarias Juveniles*" dónde conocí a Miguel Strogoff, el correo del Zar; y Huckleberry Finn, el explorador del Misisipi.

No he olvidado la nacionalidad *(noruega)* del novio de Inma, mi primer amor platónico de muchos; y el lugar exacto de El Escorial *(sobre las vallas de hierro de los jardines de Felipe II)* dónde me despidió sin que ella supiera que habíamos estado juntos y que me despedía; y el nombre *(El Farolillo Rojo)* del único prostíbulo de San Lorenzo; y el color amarillo de mi cuaderno deshilachado de espiral dónde escribí mi primer poema dedicado *" A mi virgen terrenal";* y el bar *(La Chistera)* con su escalera empinada, su barra a la derecha y sus mesas a la izquierda, y la ginebra Beefeater con Schweppes de limón, y a Adolfo, que, en un tic, abría la mano derecha para cogerse la nariz y la boca en un movimiento muy rápido; y a mi hermano Fernando golpeándose los huevos con la mano cerrada*;* y a Nolo, mi otro hermano, vestido de chilaba blanca y gritando por la casa mientras preparaba oposiciones; y a mi padre resoplando mientras jugaba al ping pong; y a mi madre flamenca. Tarareo aún "El Zorongo Gitano", la única pieza que conseguí tocar, con dificultad, a la guitarra, y veo la cabeza, como un huevo pelado, de Don Manuel mi apesadumbrado profesor de música; y a José Luis y Andrés, mis guardias en verano para tratar de recuperar el tiempo y los conocimientos extraviados en invierno; y a Toñi, inolvidable interna de casa, de pelo largo y rubio; y a Pedro, mozo de comedor cojo y cocinero, y a Eugenia, su mujer, que nunca supe qué hacía exactamente; y el batín imperial de mi padre en tonos marrones, y su sable corto, y su chupa blanca y sus zapatos relucientes, desfilando con barriga por La Castellana del Generalísimo Franco; y su olor a pies y sus ronquidos sobre un sofá blanco de película porno; y el nombre de nuestro chófer *(Angel)* y los coches de mi padre (*Tiburón, Dodge, Opel*), y los coches de mi madre *(Seiscientos, Ciento Veintisiete, Coupé*) y el coche de mi hermano mayor, *(Mini plateado de techo negro*), y el bikini, también en tonos plata, de mi ex mujer cuando era una bella persona.

No he olvidado al Doctor Dujomne, casero de mi piso en Córdoba, Argentina, al que nunca conocí, y a su enorme secretaria que me cobraba el alquiler en directo cada mes; y a mi vecina, una señora mayor de pelo blanco que pagaba con generosidad mis impuestos y enseñaba a un loro la marcha peronista (*!Perón, Perón, qué grande soooooos!*);

y el sótano para desayunos tristes y menguantes del Hotel Sarmiento en Buenos Aires; y mi inseparable remera y mi chándal fluorescente; y los ojos verdes de Silvina Garré; y almorzar milanesa napolitana con café con leche; y la revista Humor y el apodo *(Coquín)* de un tipo que me amenazó una noche en un hotel de La Falda; y las contraseñas *(quizá es la misma)* de cajas fuerte de hoteles; y la distribución de mi apartamento en Quito (*salón al entrar, baño a la derecha, dormitorio al final)* con vistas a un volcán; y el nombre de un hotel *(Bacatá)* en Bogotá donde nunca me hospedé; y la moqueta marrón agusanada en la cocina de una casa en Londres sobre Old Street. Y las letanías de los altavoces del aeropuerto de Miami, " *no deje sola su valija o será desechada*"; y el color de los taxis de cada ciudad que he visitado; y a Fermín, un dibujante que encontré un sólo día de mi vida en el Bacacay, un bar que ya no existe, frente al Teatro Solís en Montevideo; y los mosquitos adormecidos por el aire acondicionado en un bar de Jaén; y el discutible apodo (*El Molinero)* del dueño de un bar en Collejares; y el antiguo zoo en el Parador de la Carolina dónde denuncié las condiciones de reclusión de un lince ibérico; y cómo iba vestido (*gorra, camiseta, pantalón de turista explorador y deportivas)* una mañana limeña en que perdí el avión de vuelta a España por mal tiempo.

XXV. EJERCICIO DE MEMORIA EPISÓDICA[14]

[14]Escriba aquí algunos de sus inútiles recuerdos inolvidables.

XXVI. REIVINDICACIÓN DE LA EMOCIÓN

¿Y si no hubiera ayer
o estuviese tan contaminado
que arriesgara
su existencia?
¿Qué quedaría entonces
en uno de su propia vida?

Estoy seguro
de lo que sentí
aunque no recuerde
haberlo vivido.

Los fogonazos
de la existencia
son auténticos,
los habitantes
de tu vida
son contingentes,
que diría Cuerda.

Todo muere contigo
o se transforma por ti:
solo te acompaña,
(y es fiel hasta el final)
la emoción de haber vivido,
el rastro que deja la confusión de los días.

XXVII. INMÓVIL

Hay días en que nada
parece moverse,
nada llega o se despide
e imaginas haber alcanzado
ese lugar imperturbable
donde no se espera ya
la concreción de los sueños
o el asalto de la tragedia.

En en esos instantes
fuera del tiempo y del agua
donde crees no sentir la amenaza
de la utopía o la incertidumbre.

Estás muerto,
te rodean tus muertos,
y te crees un afortunado superviviente.

XXVIII. AGONÍA
(Teoría de objetos 1)

Cama y grúa medicalizadas,
baño medicalizado,
silla de cagar medicalizada,
bombona fija de oxígeno
con cable de seis metros
que te permite atravesar
viva el pasillo de casa;
bombona portátil de aire
para salidas ineludibles
a la peluquería y el mercado;
flotador y cojín anti escaras,
lupa grande para ciegos ilusos,
gafas para ciegos negacionistas,
andador de niño para ancianos,
muleta, ya en desuso,
para tiempos prometedores;
silla de ruedas para transitar
inviernos del descontento[15],
campanilla para reclamar
a la cuidadora transilvana,
a la cuidadora de los sábados,
a la cuidadora con guantes,
y su mano sobre tu mano,
sobre tu pelo, sobre tu nuca;
Y el timbre rojo ahuyenta peligros,
y el grandioso volumen de radio,
televisión e hilo musical
contra el silencio;

[15]Shakespeare, Ricardo III.

y esa campana mellada
de la Iglesia de los Carmelitas
llamando a muerto
y que no oíste
hasta el último día
del último agosto.

XXIX. LA FIDELIDAD DEL RUIDO

Los sonidos se recuerdan bien,
la banda sonora de tus días
permanece intacta en ti.
Nada más existió como fue,
nada que creas que ocurrió
es exactamente lo ocurrido.
Lo auténtico, lo intacto,
reposa entre voces,
palabras y ruidos antiguos.

Oigo a mamá por la cocina,
las bofetadas de mi padre,
el chasquido de la cuerda
sobre mis muslos en gimnasia,
la entradilla de Carrusel Deportivo,
mi tío Esteban roncando borracho,
y las chicharras del jardín
en las siestas sagradas de agosto.

Y así voy construyendo,
con el ruido de mi vida,
mi yo más fiel,
mi yo indudable;
las arcadas de mi hija,
la palabrería insólita de mi nieta,
la nieve crujiendo bajo el cuerpo de *M,*
el percutor de una pistola en Bogotá,
la voz sensata de Polonia al suicidarse.

El sonido no deforma tu vida,
la mantiene tuya,
como el silencio congela
algunos instantes
en una extraña inmortalidad:
la mirada austera de los verdugos,
los días azules de los exiliados,
la eficacia oscura de los velatorios.

Escribo en día festivo;
oigo a mi hija roncar
sin levantarse,
la muy cabrona,
a repasar el examen;
mi perro, incomprensiblemente,
lame el suelo con esmero;
un vecino golpea la pared del salón,
ruge una máquina corta césped.

¿Cual será el último sonido antes de morir?

XXX. LA OTRA MUERTE

Algunas personas mueren tan tarde
y tan olvidadas
(como el actor Michel Piccoli hoy)
que nadie piensa que siguen vivas.

En esta generación de supervivientes
los seres humanos quedan inmóviles
demasiado tiempo, demasiado solos,
esperando a la muerte, que se retrasa.

Hay excepciones, claro,
y algunos se suicidan
o reclaman eutanasia,
o son víctimas de pandemias
o publican su mejor libro
como el aprensivo Levrero

Pero a la orilla de todo,
cuando el mar queda lejos,
ya no son lo que un día fueron
ni esperan lo que nunca será.

Se trata, al final, de durar y durar,
de esperar, de aguantar y resistir.

Idolatras la vida que te abandona
y crees que desafías al olvido
cuando nadie te recuerda ya.

AGOSTO 2045; DESPUÉS

Fue simplemente que
la cosa se acabó.
¿Yo me acabé?
IDEA VILARIÑO, *No*

XXXI. DESPUÉS EN FALSO DIRECTO (Rap 2)

Imagino después,
todo empieza
y todo termina.
Me pienso muerto
y no me atemorizo.
Veo a mi hija Lucía
que, afortunadamente,
me sobrevivió,
y a mi nieta
convertida en Lucía.

El crematorio parece lleno
pero es una multitud tímida
en una habitación mínima.
Alguien guía la ceremonia,
alguien lee algunas palabras,
quizá este mismo poema,
suena el segundo movimiento
del Concierto para Clarinete
y Orquesta de Mozart[16],
echo de menos *(es agosto)*
a Polonia, que me enloqueció;
a Almudena, que me amó;
y a algunos amigos, deteriorados,
humanos, pero aún inmortales.

---

[16]...O "Thunder Road" en versión de piano (Bruce Springsteen); o "Funeral for a Friend- love lies bleeding" (Elton John); o " Concierto para Piano número 2 en C menor Opus 18 " (Rachmaninov) o la interpretación de Diana Navarro de la saeta " Larios " o "Tom Traubers Blues (Waltizing Mathilda) " en directo interpretada por Tom Waits, o "Landslide" cantada por Stevie Nicks.

Llegó el final de la vida
y el principio de la nada,
no me hago ilusiones,
ninguno de mis muertos
me espera en ninguna parte.

La eternidad, como el olvido,
queda a este lado del fuego.

XXXII. BARDO[17]

Soy un medio muerto
o un semivivo,
me acabo o me acaban ya
y no tengo hoja de ruta.

La voz mas tranquila del mundo
acompaña a dios sabe donde.
No quiero entenderte,
no deseo identificarte.

No me altero,
no respondo,
no temo,
no desaparezco,
no me vivo ya,
voz como mano tendida
sobre la soledad invencible,
como luciérnagas sonoras
apartándome de los perros
que me rondan y salivan
sobre mi tripa abierta.
Voz sin palabras que me distrae
de este calor que me deja,
de este olor que se viene,
de esta nada que me consigue.

Tres días de inesperada eternidad.

---

[17]Según la tradición tibetana, el bardo es un estado intermedio entre la vida y la muerte. Al expirar una voz te guía –Bardo Thodol o Libro de los muertos– durante tres días por abismos y encrucijadas. Algunos autores hablan de cuarenta y nueve días de travesía. Decido enterrarme no vaya a ser que, una vez incinerado, no tenga oídos para ninguna voz.

XXXIII. EFECTO PROUSTIANO[18]

Antes de que sea demasiado tarde
abre armarios y cajones y huele ropa,
que no se pierda el último olor.
Sé capaz de abrazarme sin tenerme,
no te abandonaré si te das prisa,
puedo ser infinito, indestructible,
como los olores de la infancia.

---

[18]Veronica O´Keane en "El Bazar de la Memoria", Siruela: "La experiencia de una memoria emocional vívida que se dispara a causa de un aroma, envolviéndonos en nuestro propio misterio, es conocida como efecto proustiano".

XXXIV. LA INSENSATEZ DE NERUDA[19]

Almacenas objetos, muchos,
eres un ser vivido y viajado:
flores de papel, máscaras,
rocas volcánicas, libros,
fotos de boda, fotos insensatas,
fotos que no quisieron ser foto,
relojes, cargadores y tocadiscos,
mecedora y costurero familiar,
mandelas, napoleones, padrinos,
pessoas, cortázares, dos borges,
loros, alebrijes, elefantes de marfil,
mariachis, gardeles y tintines.

Nada acompaña mucho tiempo
pero no te desprendes de nada.
Lo has olvidado casi todo,
y, mientras tanto,
sin darte cuenta,
con las estanterías vencidas
por el peso de lo acumulado,
caminas hacia el fuego,
que te quiere desnudo.

Atrás queda mi hija, sola,
comprando bolsas de basura.

---

[19]Visité " La Chascona", casa de Pablo Neruda en Santiago de Chile. Llena, colmada, de toda una vida de coleccionista compulsivo (zapatos gigantes, mesas medievales, tallas africanas en madera) se fue construyendo a medida que el poeta necesitaba, o imaginaba, espacio para objetos y obsesiones. Primero fue el "living" y el dormitorio, luego la cocina y el comedor, y más tarde el bar y la biblioteca. La casa es una sorpresa cuesta arriba. El día que la visité, en otoño, el dormitorio estaba cerrado al público.

XXXV. LO QUE DEJAMOS

Fue una buena idea la de *M;*
organizar el reparto de sus cosas
cuando supo que se moría.

Yo me llevé adornos para pomos,
libros subrayados, colillas,
y la persiana que separaba,
azul, la cocina del salón.

Ella me dejó una dedicatoria
escrita en una página vacía
de un libro de poesía inglesa
del Siglo XVIII.

M intuyó que los restos
deben compartirse;
un solo individuo no aguanta
el peso de la memoria.
Yo la añoro, tu la recuerdas,
el la llora, nadie la olvida,
nadie tampoco posee todo
y todos tenemos algo suyo.

¿Adonde irá lo que no puedes
llevarte a ningún lugar?
¿quién desmantelará la casa
y los árboles de mi vida?

XXXVI. TEORÍA DE OBJETOS 2

Si dejamos ciertos objetos
sueltos por mesas y estanterías
hablan a voces, nos dan patadas,
hasta que, hartos del ruido,
los recluimos en el trastero,
o los entregamos sin piedad
al punto limpio de los jueves.

Recomiendo escuchar lo que
los objetos tienen que decir.

No son seres vivos
pero nunca acaban de morir,
esperan, falsamente inertes,
inexplicablemente intactos,
la mirada que los devuelva
al lugar exacto de su existencia.

Hoy, por ejemplo,
pienso en el sonajero
del hijo de Catalina Muñoz,
o en el pendiente de la oreja
izquierda de María Alonso Ruiz,
o en la pluma estilográfica
del Comandante Cándido Saseta Etxeberría.

Miro vuestras cosas hoy,
lo único que os acompañó
en el momento de la nada,
y hasta los muertos más solos,
los más injustamente muertos,
sois capaces de seguir vivos.

XXXVII. INMORTALIDAD IMPERFECTA

Aquello que pesa y tiene forma
sobrevivirá, olvidado y concreto,
entre cajas, estanterías y trasteros.

Lo verdaderamente mío
será nada después de mí;
no se recordará lo inexplicado
ni se resguardará del tiempo
aquello que viví y me vivió.

Y pienso en algo y en alguien,
y en todo y en nada,
y esos exiguos momentos
inequívocamente míos,
inextinguibles,
pugnan por ser palabra
y sobrevivir,
olvidados y precisos,
entre metáforas e ironías.

He dejado de creerme,
nada se parece a lo que fui.
Todo morirá conmigo, dentro,
indescifrable, indemostrable,
irreal, como tiene que ser.

XXXVIII. LO SALVAJE ES INMORTAL

Abandona todo cuidado:
lo que ha ardido
ya nada tiene que temer del tiempo.
ANGEL GONZÁLEZ, *Inmortalidad de la nada*

No sabría decir si aquellos momentos
de placer, estelares y esporádicos,
se deben más al sexo por hoteles,
lonjas de monasterio o casas prestadas,
o a la masturbación que,
entre otras ventajas,
(o limitaciones o inconvenientes)
no precisa expectativas,
resultado ajustado a expectativas,
o palabras de amor.

Masturbarse, eso sí, requiere
de una mano derecha ambiciosa,
de brutalidad, de imágenes nítidas,
fibrosa conexión a internet,
insomnio, y, por un instante,
alucinaciones creíbles
con la rubia que cuida los gatos
o la joven periodista boxeadora.

También, si hace falta, si te resistes,
puedes regresar a tus días feroces.

No falla.

Tu vida salvaje es tu única vida inmortal.

XXXIX. MENDEL ES DIOS

Veo a mi hija y a mi nieta
morderse las uñas, nerviosas.
Quizá la inmortalidad
no sea más que genética:
la prolongación inexacta
de un ser humano en otro.

Es posible que el rastro,
la estela que me sobreviva,
ya esté entre los míos
y solo hay que adivinarse,
reconocerte en los tuyos,
y sentir que una parte de ti
pasa a tus supervivientes.

Quizá la inmortalidad
no traiga gloria ni odio
y sólo sea una sencilla
fórmula de multiplicación.

¿Serán los solitarios
la única parte de la humanidad
encaminada a su extinción?

XL. PESTE 2.0

Nada parece morir del todo,
nada permanece en silencio,
nadie es olvidado para siempre.
Los muertos de hoy
quedan a la vista,
exhibidos
como alguna vez fueron en vida.

Antes, y lo afirmo sin nostalgia,
los muertos morían de verdad;
regresabas del entierro,
recogías sus cosas,
las llevabas al trastero,
y empezaba el olvido
solo perturbado por aniversarios
y la realidad indudable de la ausencia.

Recordar era un ejercicio solitario
e imperfecto de selección natural
de momentos escasos,
absurdos,
inolvidables.
Lo que tenía que perderse se perdía,
nadie era capaz de recordar tanto, todo.

Hoy pareciera que muchos muertos
no se van adonde sea que vayan;
quedan estancados sobre una ciénaga,
incorruptibles al impacto de los años.

No te fíes, es un espejismo, un engaño,
los que murieron están muertos.
Como los de entonces, como los por venir,
y fueron quemados con saña, y huelen,
como los apestados en la Edad Media.

XLI. MI CARCELERO

El instante queda sustraído al tiempo
LUIS CERNUDA, *Ocnos*

Lo que describo son instantes,
tiempo exhausto de mi vida
confinado entre letras y fantasmas.

Siendo más concreto;
soy carcelero de mis palabras.

Quizá la inmortalidad
consiste en conseguir
que el instante vaya
más allá del momento,
que se libere de su creador,
de su esclavista,
y acceda a todos los espacios
sin ocupar ninguno.

Tal vez la inmortalidad sea
la ausencia de contexto, la nada.

XLII. LO INCONTAMINADO
(lo inexistente dicen algunos, Rap 3)

Quizá nos sobrevive, intacto,
lo que nunca llegamos a ser.
Tal vez aguante bien el tiempo
lo que no puede deformarse,
aquello que fue ideal, utopía,
aspiración, esperanza o sueño.[20]

Somos inmortales por imperfectos,
por ambiciosos, por insensatos:
nunca llegamos a morir del todo
y nunca terminamos de vivir
lo que podríamos llegar a vivir.

Y somos mortales en vida,
yo mismo he muerto mucho:
por azar,
porque quiero,
por pena,
por pereza,
por rendición,
por imposible,
por irresponsable,
por locura,
por nada,
y he visto miles de muertos
acceder a un lugar
donde uno no está vivo
pero tampoco se acaba.

---

[20] (Rellénese este paréntesis con algunos ejemplos personales).

Espero sobrevivir
mejor que bien
algunos años más
y continuar ligado,
de algún modo,
a este lado luminoso del mar.

He muerto aquí varias veces,
pero sigo queriendo estar aquí.

Estoy muerto, me anhelo vivo.

XLIII. RESUMEN

The mere passage of time make us all exiles
"Conversations with Joyce Carol Oates"

La vida es un exilio continuo
aunque no te muevas de lugar
o creas que no dejaste de ser
lo que recuerdas que fuiste.

Nadie permanece intacto
aunque te creas idéntico;
cada instante eres otro
por la fuerza irresistible
de las tragedias íntimas,
y los acontecimientos.

Y este destierro tímido
impulsado por el dolor,
el azar o tus decisiones,
siempre acaba,
por envejecimiento,
suicidio o enfermedad,
en un último viaje
de donde solo vuelven
aquellos que, con su vida,
lograron vencer al tiempo.

He muerto pero fui inmortal.

EL ORIGEN

Quizá todo empezó entonces y no me ha dado cuenta hasta ahora. Muchos momentos aparentan no ser decisivos, se almacenan cerca del olvido o la indiferencia, y, de repente, surgen de la nada y deciden la orientación de tu camino. Revisaba algunos poemas entonces, la vida era un sin vivir por circunstancias que no viene a cuento relatar hoy, y, escribiendo, trataba de gestionar el dolor y la incertidumbre. Estaba en mí, como siempre, pero esa mañana de principios de agosto supe de una mujer muerta y tirada cinco años sobre el suelo de la cocina sin que nadie extrañase su ausencia.

No sé qué mecanismo se activó pero esta noticia, que ya no era actualidad, borró, o hizo disminuir, el alcance de mis *"penas personales",* que diría Gabriel Celaya, y me inculcó la suficiente curiosidad como para dejar lo que tenía entre manos y querer conocer las circunstancias que rodearon la muerte de Amanda, que así se llamaba. Lo he venido pensando. Quizá esa noticia impulsó, de forma definitiva, algo que ya quería hacer: indagar sobre el deseo de vivir. Este ansia por conocer qué nos impulsa a seguir vivos se profundizó tras la muerte de mi madre después de una agonía interminable. Mi madre era creyente pero siempre se resistió a pasar al otro lado a pesar de que cada año, casi cada día, iba perdiendo las señales que dan sentido a la existencia.

Según los bomberos, más de sesenta personas fueron encontradas muertas y solas en sus casas de Madrid durante los dos primeros meses de pandemia. En este tiempo de contagio, a diferencia de lo ocurrido con Amanda, los vecinos estaban atentos a la falta de ruido y de información en los pisos habitados por ancianos porque eran el sector de la población más expuesto a la agonía y a la muerte. Una vez lo excepcional remite los viejos vuelven a caer desmayados por pasillos y cocinas sin que nadie repare en su ausencia.

Leí varias noticias sobre cuerpos en descomposición descubiertos meses o años después de su muerte. Fue esa mezcla de falta de noticias y hedor corporal lo que llevó a vecinos, porteros, familiares y amigos de los desaparecidos a permitir a policías y sanitarios acceder a la vivienda y encontrar los cadáveres. No fue el caso de Amanda. Nadie la extrañó por años, y su cuerpo, momificado, no olía. Según los cronistas la humedad insuperable que padecía la vivienda pudo evitar su putrefacción.

Había y hay muy poca información disponible sobre ella: argentina, logopeda, tenía una nutrida cartera de clientes. Alguien que solventa trastornos del lenguaje acaba su vida y prolonga su muerte en absoluto silencio. ¿Qué existencia padeció para acabar tan sola?; ¿no tenía a nadie?; ¿ni un antiguo cliente, ni un familiar, ni un amigo que se preocupara por su grosera ausencia? Cualquier persona calificaría sus cinco años de muerte ignorada como una desgracia superlativa. Son prejuicios. Quiero pensar que Amanda, una buena profesional, decidió apartarse del ruido y someterse voluntariamente al exilio y al silencio. Tal vez esa soledad formaba parte de la preparación de la muerte *y* quiso organizar bien lo único importante —morirse— que acontecería en el resto de su vida. De hecho, el director de la sucursal del banco donde Amanda guardaba el dinero recibió la orden, unos días antes de la fecha aproximada de su muerte, de pagar todos los gastos corrientes por transferencia. Desconozco si le hicieron la autopsia.

Muchos ancianos se resisten a vivir y morir solos, y, si pueden permitírselo, se vuelven parte imprescindible del muy lucrativo negocio de la soledad. En este mundo tan líquido y tan interconectado, la soledad está proscrita y, a la vez, extendida como una plaga. La tecnología te separa del olor y el tacto de los humanos: ir al cine con otros, junto a otros, por ejemplo, es una rareza propia de seres analógicos. Estar solo es un estigma que acarrea depresión, tristeza y una sensación de fracaso. La empatía es otra rareza ante la creciente falta de sociabilidad. Somos seres egoístas, ensimismados y solitarios, y las empresas, conscientes de una cartera casi infinita de clientes, lanzan al mercado múltiples posibilidades de contacto prometiéndote que nunca más volverás a estar inexorablemente solo. Por un precio razonable, con sus correspondientes bonos descuento, ofrecen abrazos físicos y virtuales para desamparados y alquilan amigos que, por un instante, simulan conocerte de toda la vida. Una oscura combinación de algoritmos descubre mujeres y hombres que piensen o sientan o padecen de forma parecida a ti o, por lo menos, comparten tus aficiones e intereses. Y gobiernos compasivos inauguran oficinas con funcionarios y voluntarios dispuestos a acompañarte uno o dos días por semana en casa, y mitigar la soledad que, sin duda, padeces.

La tierra *(el mercado)* está poblada por seres de vida cada vez más prolongada y solitaria, y se busca no desaprovechar esta oportunidad *(nicho lo llaman)* de negocio. De igual manera, como un elemento indispensable del entramado, se estigmatiza la soledad y se la desprecia, negando que pueda ser una forma útil de vida para enfrentar las dificultades e inconvenientes que traen los años.

¿Decidió Amanda separarse conscientemente de los habitantes de su mundo o padeció una involuntaria y mayúscula soledad? Y la soledad me llevó a la inmortalidad. ¿Puede alguien dejar un rastro inconfundible que perdure en el tiempo y, a la vez, morir tan, tan solo? Nadie puede conocer qué pasaba por la cabeza de Amanda en aquellos meses finales ni las circunstancias de su vida y su prolongada muerte, pero sin pretenderlo, alcanzó la inmortalidad. Su insólito post mortem, cinco años impune, le han reservado un sitio, modesto eso sí, en el mausoleo de los inolvidables. Amanda será referente de la indiferencia de esta sociedad hacia sus mayores. Y si Amanda, sola y muerta tantos años, con su cuerpo momificado e incorruptible, logró acceder a la inmortalidad, ¿puede cualquiera, si se cumplen ciertas condiciones, llegar a ser inmortal?, ¿y qué significa no morir?

El segundo hecho manifestado en este agosto convulso tiene menos dramatismo que el caso de Amanda pero, de alguna manera, ha sido parte de mi vida. No es que lo conociera mucho; pasamos una tarde tomando café en un bar de la ciudad argentina de La Plata mientras llegaba la hora de acudir a la presentación de un libro mío en la histórica librería Rayuela. Ya exhibía entonces maneras de viejo y un aspecto exageradamente ruinoso para sus cincuenta y cinco años: dificultad de movimientos, delgadez, tono amarillento de piel, ojeras abisales, habla cansina y demorada... Y se hizo evidente su enfermedad cuando, inmediatamente después de sentarse, comentó que era la primera vez que salía a la calle en varios meses, que padecía una dolencia indefinida que lo hacía adelgazar y adelgazar, y un cansancio que casi le impedía moverse.

Unos años antes había leído, en un avión, su novela más conocida, merecedora de un premio internacional, y, como dictan las normas de la buena educación, empecé nuestro encuentro comentando su libro; una mezcla, bien resuelta literariamente, de infancia, tiempos oscuros de dictaduras, y miedo, mucho miedo. Me dio las gracias con un abrazo tímido y sorprendente, levantándose de la silla, como si le aliviasen mis palabras pero no se atreviera, o no pudiese, demostrarlo con generosidad. Después me enseñó la presentación que había preparado: varios folios de letra diminuta con comentarios rigurosos y precisos sobre mi libro.

Sus palabras se alejaban de las palabras de la mayoría de mis otros presentadores más centrados en describir mis obsesiones, la excentricidad de mis personajes o el dolor.

Ante un público escaso pero amigable, con gran esfuerzo por su evidente debilidad, mi escritor conectó mis palabras con la poesía "beat" y habló del ritmo cuidado y, sin embargo, torrencial de los versos y, sin esperar al vino que amablemente habían preparado los dueños de librería, se despidió. Nos dimos un abrazo y pareció romperse. Ahí la librera, cuando se hubo ido, comentó con pesar que nuestro hombre tenía mal aspecto.

Meses después falleció. Durante nuestro encuentro, el escritor enumeró algunos proyectos que esperaba poner pronto en marcha, incluyendo una historia de su familia. No es la primera vez que siento que los desahuciados se reconvierten en emprendedores. El escritor, en mi presencia, no mostró síntomas de rendición ni lo vi resignado por la evolución de su enfermedad. Comentó que el tratamiento había ido cambiando, en una especie de juego de acierto y error, y que esperaba que los médicos diesen con la tecla que le devolviera pronto la vida diaria, extraviada entre cuidados, limitaciones físicas, remedios y dolor. Porque "*el dolor, en ebullición, te impide pensar incluso en tí mismo.*" Pudo ser, claro, que no quisiera revelar que se moría ante un extraño, que es lo que yo era para él, pero no lo creo.

Conectamos bien y nos mantuvimos comunicados tras nuestro encuentro; iban y venían mensajes sobre libros y autores, fotos de nuestra actividad y felicitaciones de fin de año. Cuando dejamos de estar en contacto nos seguían llegando noticias a los dos a través de un amigo en común. Un día de otro agosto, este amigo acudió al cementerio, junto a otras cuatro personas, para asistir a la incineración del cuerpo de mi escritor.

Los muertos nunca parecen dejar mucho atrás a pesar de nuestro empeño en recordar aferrándonos, como si fuesen bengalas, a sus objetos. De mi escritor, además, yo no tenía prácticamente nada: un número de teléfono inerte, un chat telefónico de palabras muertas, algunas fotos, un libro leído y dedicado, y aquella tarde juntos en La Plata. El instante en que el amigo común me describió, con pena y rigurosidad, su visita al cementerio, regresó también Amanda.

Mi escritor, como Amanda, fue un profesional de éxito: escribió libros maravillosos que leyeron miles de lectores, ganó dinero, y, como Amanda, tuvo un final solitario. He seguido más a mi escritor como difunto que como ser vivo, y uno podría llegar a dudar, por la fuerza y consistencia del olvido, que hubiese llegado a existir. Tuvo una buena vida, sí, pero un final vulgar. Amanda murió de manera inolvidable, y su existencia, por lo tanto, está llena de misterios e interrogantes que la acercan a la inmortalidad. De mi escritor no he encontrado ni una sola reseña que no sea relativa a su muerte. De las quince primeras noticias con su nombre que aparecen por Google, trece anuncian su fallecimiento, y las otras dos ponen énfasis en la "infinita tristeza" que sienten los dueños de sus antiguas editoriales, sus amigos de La Plata o sus compañeros de trabajo en la Biblioteca Nacional. Todo común, todo previsible y el futuro y, por lo tanto, la inmortalidad, no llega ni se espera. Una muerte corriente, aunque temprana, lo acerca al olvido. Nadie parece interesado en reeditar sus obras emblemáticas ni nadie impulsa, que yo sepa, la publicación del material inédito que, sin duda, dejó escrito. Ni siquiera Wikipedia ha actualizado su página; la última referencia es una desgracia ocurrida varios años antes de morir: "*...su casa se inundó y perdió parte de su biblioteca personal*". Para Wikipedia mi escritor quedó varado en el limbo de las celebridades un año después de recibir su premio literario. Nada más.

La agonía de mi madre, el impacto de la extraordinaria muerte de Amanda y el olvido salvaje de mi escritor; la no desdeñable influencia de agosto sobre los acontecimientos; la reclusión forzada en tiempos de pandemia; el escepticismo hacia la fidelidad de los recuerdos y el creciente hartazgo hacia lo mío me llevaron a explorar la inmortalidad.

Hasta ayer mismo *(y no descarto volver a hacerlo)* escribía para vencerme. Soy escritor: carcelero y torturador de los habitantes de mi vida hasta que confiesan lo que quiero escuchar. Los hechos están contaminados por los años. Quiero escribir para hoy o para mañana: el presente y el futuro son los dos únicos espacios no corrompidos por el tiempo. La inmediatez y la inmortalidad contra los recuerdos. Estoy vivo y me pienso muerto.

XLIV.
MIL FORMAS DE DERROTAR A LA MUERTE[21]

I

[21]Escrito bajo la indudable influencia de la muerte de Almudena Grandes y de Agata Lys y como homenaje al poeta juguetón Kenneth Coach.

II

Lo he pensado bien,
no hay forma.
(*De ahí la página en blanco*)

El Final
arrastra todo
a ninguna parte
*(según cuentan de oído
ateos y agnósticos)* ;
nada sigue igual después,
nada vuelve o permanece,
nada se renueva,
no hay resurrección
de los muertos,
y solo queda por resolver
el misterio de uñas y cabellos
que no terminan de acabarse.

Ser recordado o añorado
es el principio de no ser,
el comienzo del olvido,
la inoportuna fiesta
de tus supervivientes
sobre lo que creen es tu rastro.

Morirse es el inicio
de un movimiento involuntario
hacia la quietud indescriptible.

XLV. LA DERROTA[22]

¿Y si sólo quedaran
las metáforas y las historias?

¿Y si inventar, recrear o imaginar
fuesen los únicos actos humanos
capaces de derrotar a la muerte?

¿Y si la capacidad de interpretar la vida
sobreviviera a la misma vida?

---

[22] Hace 43.900 años fue pintada una escena de caza en un lienzo de roca de cuatro metros de largo dentro de una cueva en la Isla de Célebes, Indonesia.

ÍNDICE

AGOSTO 2045

Aproximación cautelosa a la inmortalidad

Aproximación urgente a la inmortalidad

Dudas y certezas post existenciales

Agosto 2045; los últimos días

Agosto 2045; después

El origen

Esta obra
se acabó de imprimir
con los auspicios de
Charo Fierro y
Antonio J. Huerga, editores

FINIS CORONAT OPUS